나를 만나는 시간

시와문화 시집 78

나를 만나는 시간

이영숙 시집

시와문화

■시인의 말

시를 어쩌지 못해 여러 해
시름시름 앓았다.

생각과 맘을 정돈하여
영혼의 기착지에 도달

비로소 시가 내 안에서
안도의 숨을 쉰다.
바늘을 벼려
도구가 되도록 가다듬어
독자의 가슴에 내 맘에 불을
일으킬 날을 소망해 본다.

2025년 초여름
이영숙

|차례|

■시인의 말

1부 그리운 당신

솔방울의 모욕 _ 12
파란만장 _ 14
보랏빛 친구 _ 16
고뿔 _ 18
녹색 꿈을 꾸는 호박 _ 20
계란꽃 _ 21
백년초의 노래 _ 22
그리운 당신 _ 24
모자가 똑같아요 _ 26
연화대 _ 27
가요무대 _ 28
가족사진 _ 29
갑자년 결산 공고 _ 30
관계 개선법 _ 32
나도 꽃이라오 _ 34

2부 느개 내리는 아침

누에 닮은 어머니 _ 36
느개 내리는 아침 _ 38
도심을 깨우는 향 _ 40
나를 만나는 시간 _ 42
동지섣달 _ 43
뒷모습 _ 44
땅에서 꺼낸 알 _ 46
목련화 _ 47
미소가 머무는 곳 _ 48
민들레의 굳은 절개 _ 49
바람보다 억센 꽃 _ 50
버드나무 단상 _ 52
봄 오동도 _ 54
병실 안 봄 풍경 _ 55

3부 살아 있는 전봇대

비 오시는 날 _ 58
비 그리고 바람 _ 60
산이 좋은 사람들 _ 62
살아있는 전봇대 _ 63
낯선 여행 _ 64
삼 개월 후 _ 66
서리태콩 _ 68
석류의 계절 _ 69
붓질하며 _ 70
얼굴 _ 71
진실은 느리다 _ 72
참치 찌개 _ 73
청빈의 덕 _ 74
시인의 눈 _ 76

4부 발칙한 상상

하루초 _ 80
헤어지는 날 _ 82
화양리 간이역 _ 83
발칙한 상상 _ 86
촌수 _ 87
거리의 하얀 핀 _ 88
비스듬히 기운 햇살이 그리워 _ 89
손 없는 날 _ 90
고추잠자리 _ 92
보랏빛 제비꽃 _ 93
내 고향 가야실 _ 94
노을빛 _ 96
메모 _ 98
문인의 길 _ 100

■해설 탈세속의 시 정신을 담은 사물 언어 /박몽구_ 102

ts
1부
그리운 당신

솔방울의 모욕

땔감으로 변신하여
아가리 큰 학교 난로에
들어가던 나
솔 향기 더불어 괄괄하기도 하였지
이제 막내딸 여읜, 촌부처럼 괄시받고 있다
덩그러니 남아 있을 때
어느 새댁의 손에 이끌려 따뜻한
아파트 거실에 뻘쭘하게 들어섰을 때

큰 대얏물에 처박아
물고문을 시키더니
이번엔 허름한 쟁반에 받쳐 거실에 앉힌다
물을 실컷 마시고
몸이 팅팅 불어
입을 앙당 물어
저녁이 되니
물기는 슬슬 날아가고
어느새
내 주둥이가 딱딱 벌어졌다

아침이 되니 웰빙 가습기라고
온 가족이 빙 둘러앉아
그림 감상하듯 좋아하며 신기한 듯
내 곁을 지키고 있다
아가의 콧속이 부드럽다나
어쨌다나

파란만장

바닷가 옹송그리고 걸쳐 있는 조약돌
바닷물이 울컥 토악질하면 이리 치이고
저리 치이며 쑥덕거린다

사색할 틈 주지 않는 세도 당당한 파도
각진 데 없는 매끄러운 조약돌
물살에 깎여 둥그레진다는 것
뼈를 깎는 아픔이거늘

이만치 살아서야 조약돌이 읽힌다
바닷물이 낳은 원만한 물체

세파에 대껴진 나
많이 밀려다녔건만
아직 멀었나 보다
물속으로 더 깊이 잠겨
동글납작한 조약돌 되리라

젊은 날 넘실거리는 파도타기는
아주 재미있었다

동해 바닷물 주름잡으며
와르르 밀려오면
두 발 폴짝 들어 순간을 넘겼다

뜨거운 여름날 해가 이글거려도
살은 와드득 떨리고
이내 바다는 잠잠해져
참선할 수 있었다

그런 기개는 어디 가고
몸이 무시로 저리다고 말을 건다

무시로 일렁이는
무섬증이 손을 내민다
통증은 휴일을 모른다

두 손 모아 마음을 모으고
참선에 들게 하는 저녁

보랏빛 친구

봄보다 먼저 거친 땅을 비집고 나와
말갛게 웃는 너는 참 당차기만 하구나

잎보다 먼저 보랏빛이 나와
봄을 서툴게 노래하며 지휘한다

오가는 이의 발끝에 차이고 차여도
다음날 웃기만 하는 너는

천생 오지랖은 여염집 여인네다
아프고 아파도 양지녘 텃자리를
지키고 앉아서 보랏빛으로
상큼한 웃음 날리며
봄을 성큼성큼 키우니

넌 세상의 행복 전도사다
알겠냐, 얼마나 네가 참사랑인지

널 보는 우주와 세상은 얼마나
흐뭇하게 감사 기도드리는지

난 얼마나 부유한 사람인지를
이제 알았다
널 많이 사랑하는지를
존경하는지를
지금 봄을 바라보면서

고뿔

김장거리 다듬다
구부러진 쪽파 뿌리 추렴해
흙을 털어
옥양목 이불 헹구듯
맑은 물 나도록 조물락거려
채반에 헤집어 널었다

가을빛에 얼마나 말랐나
손보다가 움찔 움 돋은 파 싹
늙정이 머리 빛같이 하얀 뿌리들
배배 틀려 있어 파 잘려 나간 자리에
움파가 민구스럽게도
가을볕 등에 지고 낯을 내민다

주접든 포름한 쪽파 싹이 징그럽다
미안스럽게도 설설 끓는
삐삐주전자 물에 넣어
뚜껑을 닫아 버렸다

부그르르 끓어 뺑 한다

찻잔에 어리는 파란 싹
영영 죄스럽다

저만치 물러간 고뿔
여름 불도 쬐다 말면
섭섭하거늘
일찍 물러간 고뿔이란 놈

고뿔 그거 별거 아니네!

녹색 꿈을 꾸는 호박

호박씨를 긁어내다 우리 삶을 엿보았다
사람이 꺼내주기도 전에 호박 속에서
싹을 틔웠다
많이 당황했으리라

이런 자연계와 마찬가지로 우리네 삶도
평이하지만은 않은 법이어서
더러는 극한 상황에 놓일 때가 있다

암흑 같은 나락으로 떨어지는 듯하다가도
다시 일어서곤 한다

우리는 그처럼 무섭도록 아름다운
인내의 과정까지도
모두 다 진실한 삶의
모습으로 인정해야 한다

계란꽃

계란꽃
누가 너를
보잘것없다 했느냐
짧게 피었다 지는 소임에
실핏줄이 드러나도록
가는 털이 요동칠 정도로
있는 힘을 다했는데

바닥에 엎드려 살아도
햇살 한 줌 골목 귀퉁이를 데우는 너는
이슬의 눈물로 키우는 꽃이어라

백년초의 노래

태어난 곳이 남미 아열대 땅
사뜻하게 웃으니 꽃이라 찬탄 인다
그럼 어찌 피워낸 꽃인디
꽃잎 접고 침묵하니 백년초라 호들갑
내 고향은 숨이 막힐 정도로
사시장철 더우니
살아내는 요령 터득했지
내 몸에 피어난 꽃을 위해
배가 불뚝 물 머금고 있고
잎은 최대한 날씬하게 만든 위에
수분이 날아가지 않도록
가시를 더 곧추세웠다
그러면 가시가 돋았다고 손을 사린다
먼먼 제주에 이민 온 건
섬이 안온해서다
고향 날씨랑 흡사해서
한 백년 살고 지고
제왕의 위엄 보여 주리
깊고 듬쑥한 산에 들어앉아 도 닦는
신선의 손과 같아

손바닥선인장이라 불렀다
내사 침묵하니 꽃처럼
영롱한 열매를 달고 서 있다
큰언니 달거리 빛
선혈이 낭자한 백년초라 불렀다!
신선한 자연 건강식
인기 꽃 약초라 해소 기침
소화제 비타민 그득하니
내 생각도 기특타
내사 사람들 내면에
들어가서 온 군데 성실한
수선공 되어 기침감기 해소 기침 있다면
가래도 고쳐 주고
뱃속 고장도 백련초다
사이다 물 내어 마셔봐
봄철엔 겨울 동안 방구서에
처박혀 은둔했으니
몸이 좀 쑤실까나
바깥에선 나오라 손짓하는
볕 좋은 날

그리운 당신

분홍 철쭉꽃 흐드러지게
피어 봄이 더 눈부십니다
어머니 계신 그곳
넓은 천안 공원묘지에도
병꽃들이 늘어지게 피었죠?

삼십오 년 전 어머닌 훌쩍 떠난 봄날
강산에도 그렇듯 꽃이 그득했죠
살아생전 늘 머리가 터질 듯
아프다며 흰 무명 수건으로
머릴 동여매고 사셨던 어머니
뇌신 가루 한 봉 톡 털어 넣고
물 한 모금 입가심하던 어머니

고혈압이 그토록 무서운 병인 줄
모르고 애먼 약으로 지탱하던 당신은
많은 자식 누구 하나 나서서
병원으로 이끌지 못했었죠
그저 먹고사는 일에만 급급해
무심할 때 긴 세월 당신은 급기야

어느 봄날 당신도 모르게 머릿속
핏줄 터지고 말았죠

겨우 육십 삼세의 생을 마감으로
어머니가 그리도 살뜰히 살펴주시던
큰딸 이제 꼭 어머니 나이만큼 살았어요
내 아이들 키우느라 어머니 병 무시하며
알아차리지 못했죠
어머니의 아픔 이제야 뼛속 깊이 뉘우쳐 후회합니다

비라도 오려는지 이리 삭신이 쑤시는 날에는
어머니 당신 그리워집니다
약 한 첩 제대로 써보지 못하고
바지런시리 살다 가신 어머니

요즘처럼 흔한 건강식품
한번 써보지 못하고
살다 가신 어머니 그래서
더 가슴이 무너집니다
그래서 이 봄이 더 애련합니다

모자가 똑같아요

초상화 그리는 화가 아저씨
회색 베레모 쓰고
사람 그린다

산에 있는 도토리 회색 모자 쓰고
나무 위에 매달려 있다.

화가 아저씨 모자랑
도토리 모자랑 똑같다

동글납작한 모자 똑같다

연화대

어머닌 참으로 불심이 세셨다
어머니가 다니는 사찰의 공양간
궂은일을 살뜰히도 보살폈다

어머니가 집을 자주 비워
우리가 투덜거리면
"부처님 그늘은 관동 팔십 리다"
하며 다독이셨다

돌이켜보면 어머닌 내게,
부처였고 불법이었다
저세상으로 가신 어머니

꿈속의 어머닌 하늘색 한복
치렁하게 차려입고
들꽃이 지천인 둑길로 걸어가셨다

"어머니 가신 나라 '연화대'가 아닐는지요"
"이 여식 꼭 그렇게 믿고 싶습니다."

가요무대

오늘 또 가요무대 시간이라고
사회자는 고개를 깍듯이 하여
박수를 끌어낸다
엊그제 같은 날이 눈치 없이 또 오다니…
세월이 아무리 사람 눈치 보지 않는다 해도
이건 너무하잖아
달 가고 해 가고 별이 져서
세월을 꿰어 가고 있다만
그래도 어쩌랴 씩씩한 봄처럼
세월을 업어 내야지!
나뭇잎이 떨어져 주워 보니
세월이라 했다
우리는 인생 무대에서
 조금씩 보이지 않게 사그라들고 있어
잿빛 청춘에게도 영혼은 푸르러서
시간은 위대한 교사이거늘
시니어 프로그램 앞에서
젊은 무희들 청춘 달라
젊음을 달라 월요일마다
10시만 되면 목을 뺀다

가족사진

젊은 날 혼자라고 생각했던 적 있었다
그래도 걱정으로 잠 못 드는 밤은 아니었다
뚜쟁이의 다리로 그 사람 만나 그냥 살아갔다
그 후 식구가 하나씩 늘더니
여남은 명이다
기념일에 인증샷 찍어 벽에 걸었다
액자 속에 갇혀 있던 붙박이 표정들
누가 가족 아니랄까?
나도 꽃 같은 젊음 있었고
그이도 상남자 시절이 있었다지
지금은 낯선 할배 할메 되어
꼭짓점에 서 있다
증조부께서 차려 주신
다단계회사 번창하고 있나이다
자자손손 이어갈 뒷배도
든든하딥니다
대 끊김 없이 잘 다스리겠나이다

갑자년 결산 공고

십대엔 수많은 꿈 꾸느라 어리뻥뻥 살았다
이십대엔 세상을 향해 헛주먹질하느라
시간 낭비했다

삼십대엔 날 믿고 바라보는 자식들이
두려워 다부지게 자꾸자꾸 살았다

사십대엔 대수술 받고 생명의
정지선에 다다르고서야,
아차 정신 가다듬어 원을 하나 세웠다
세상에 온 표시는 남겨야지
궁리궁리 끝에 글쟁이로 살기 원했다
고개가 자꾸 그쪽으로 무시로
돌아가니 원을 품게 되었다

오십대엔 생활과 문학인이 되어
이중 삶을 사느라 갈등도 많았다

육십 무렵엔 자식보다 예쁜 손자들의
재롱에 혼절할 만큼 살아 있음이 충만했다

칠십이면 맛있는 거 먹으며 살살 살란다
근데 글 밭에 처박혀 도무지 헤어나기가 어렵다
지독한 중독증의 늪에서
빠져나가기가 하늘의 별 따기다
중독이 좋다 죽어도 좋다
선택의 여지는 없었다

깊은 늪 속 수렁에도
빠지길 여러 번 밤샘도 여러 번
까만 밤을 하얗게 새우고도
실웃음 나왔다
바보다 그래 바보야
글 밭에 굴러도 충만하다

귀에 귀뚜리가 늘어와 앉아도
모르고 날밤을 새우길 여러 날
지금은 자주 웃음이 난다
그래 이만하면 만족이라고 되뇌인다

관계 개선법

며느리와 친해지기 위해
가정의 대소사를 의논해 본다
무슨 일이든 터놓고 얘기하며 의견을 존중한다
취미를 갖도록 의중을 타진하여 격려해 준다
같은 신앙을 가지려 노력해 본다
역할 분담을 하는 게 좋다
가식적으로라도 아들 흉을 본다
가끔은 필요한 물건을 사준다
딸에겐 무관심해 보인다
한 달에 한 번씩 외식하며
손자들의 재롱을 기꺼이 즐긴다
저녁 식사 후엔 부르지 않는다
가끔 친정의 안부를 묻는다
며느리는 피가 섞이지 않은
호적상 자식이므로
많은 것을 요구하지 않는 예의가 필요하다

딸의 입장보다 사위 입장을 먼저 생각해 준다
사위의 가정사에 깊이 관여하지 않는다
백년손님이 아니고 아들같이 격의 없이 대한다

사위 취미를 응원해 준다
가끔은 딸의 흉을 본다
외손자에게 아버지를 닮았다는 얘기를 한다
더러 사위 일용품을 사준다
사위의 세상사 얘기를 진지하게 들어 준다
사위도 반자식이라는 의사 전달을 한다

나도 꽃이라오

나도 꽃이라오
자식 늘리길 게을리하지 않았고
산아 제한을 몰랐다
그저 물만 들이켜 배만 채우고
자식 사랑을 본으로 삼아
죽자 살자 뻗어 나갔다

접란을 누가 꽃이 아니라 하더냐
못났다고 비웃어도 난 그냥 꽃이다
아무 눈치 보지 않고 맘껏 퍼뜨리니
허공으로 거칠게 뻗어 나가니
눈속임 같은 작고 허연 한 꽃송이
마구마구 퍼뜨려
산파의 마음 달뜬 듯 그냥 웃고 만다

"아따 고놈들 신통하다"

엄니는 그저 웃는다

제2부
는개 내리는 아침

누에 닮은 어머니

누에가 고치 안에서 집을 뚫고 나와
때 묻지 않은 알을 낳고
사람에게 이로운 비단실을 내어
생을 마치듯이

어머니도 세상에 오셔
희생으로 온 힘을 다하셨다
길쌈을 하시어 여러 남매
헐벗지 않게 살펴주시고

밤새워 짠 한 필의 베를 팔아
어린것들 입에 다디단 먹거리
끊기지 않게 해주셨다
공납금 제날짜에 꼭꼭 챙겨서
큰딸 학교 가는 길
든든하게 손 흔들어 주면서도
정작 자신을 위해서는
변변한 옷가지 하나 사입으러
시장에 가는 걸음 한사코 늦추셨다

어머닌 그 힘이 다할 때까지
식구들을 위해 궂은일
도맡아 하시다가
연꽃 만발한 연화대를 찾아 승천하셨다

어머니의 일생은 누에와 같아서
나비 되어서 봄 언덕을
훨훨 날다가 기진해지면 꽃송이에
살포시 내려서 지친 몸
이제 비로소 쉬어 가시겠지
흘리는 맑은 이슬 같은 눈물에
어머니 뒷모습 안쓰럽게 비친다

느개 내리는 아침

겨울 강가 벌거벗은 나뭇가지에
분무기로 물 뿌린 듯
새벽녘 이슬비 한 줄기 내리자
잽싸게 살얼음을 만들고 있다

이슬비보다 약해서 시름없이 오는 느개비는
하얀 얼음꽃을 만들어서
아침 무대 위에 햇빛을 조명 삼아
'상고대'를 만들어 낸다

나무에 앉은 비는 온도에 의해
살짝기 얼음의 형태가 되어
아주 보기에 아름답고 신기하게
얼음꽃처럼 보이니 그저 신기하다

적당한 살가운 추위와 온도가 더해져서
영롱한 얼음꽃을 만들어 보여 주고 있다

어려운 환경이 연출되어서
더 아름답게만 보이는가

춥고 열악한 밤 묵묵히 견딘 끝에
인내로 피어난 삶의 꽃

다시 더 신비롭다
되비추어지고 있는 상황일지라도
하나의 예술로 승화되었다

도심을 깨우는 향

5월이면 하얀 한 향기를
내뿜는 꽃이 있어서
봄이 더 봄 같다

길을 가다 발길을 멈추게 하는
밥풀 같은 꽃이 스멀스멀
무리를 지어 향을 날린다

바람이 도리질할 때마다
코끝을 간질이는 향
앞에서 숙연해진다

햇빛이 죽자 하고 낙하하는 날
팝콘처럼 터져
매연이 하늘을 가릴 때도
회색 도시를 깨우며 활짝 웃는다

벌이 날아와 입으로 향을 탐닉한다
나도 그 향기에 취해 발을 멈췄다

꽃진 자리에 향으로 뭉친
까만 쥐똥을 매달고 서 있다

사람도 겉모습은 오죽잖아도
사람다운 사람이
얼마나 많던가
꽃 앞에서 부끄러워진다

나를 만나는 시간

조용할 때 생각이 투명하고
정갈하면 참 나를 보게 되다

한가할 때 기상이 가라앉으면
마음의 미묘한 조리를 알게 되며

차분할 때 흥취가 깨끗하고
편안하면 마음의 묘미를 갖게 된다

마음이 고르고 도를 깨뜨리는 데는
이보다 나은 것이 없도다

늘 자기 자신의 마음을 헤아리고
그리하면 명경같은 내 맘속이 보인다

맘을 다스리고 육체를 단련하는 데는
요가만 하리까

명상으로 삿된 생각을 몰아내면
맘은 어느새 도인의 경지에 우뚝우뚝

동지섣달

동지섣달 하얀 밭고랑에 시금치
빨간 발 까치발로 서서
봄을 기다린다

달보드레한 잎 속엔 잎맥도 순둥이라
치아 부실한 이들 좋아하지

철분이 오져서 사시사철 밥상 단골손님

시금친 사철 푸른 옷 입고
입성에도 싫증 안 낸다

눈 오는 날 허연 이불 덮고
눈만 빼꼼히 내놓고 건재를 알린다

무슨 한 그리 많아 서리서리 옹송이고
겨울의 시그널 뮤직같이 언 밭 지킨다

동지섣달 시금치 그 기개 닮고 싶은 저물녘

뒷모습

떠날 때를 알고 떠나는 이는
아름답다
바닥을 보이면 잘못된
과거가 드러나기도 한다

신이 인간에게 준 가장 큰
보물은 의식과 재주며
더 훌륭한 지원은 사람 능력
일을 감당해 내는 힘이다

인간은 불안정하기에
유혹이 넘본다
유혹은 틈만 보이면
파고드는 대못이다

다짐이 부족해
늘 신께 매달린다

나의 기쁨을 가로막는 것은
잊음에서 오고

나의 슬픔은 영원히
잊히지 않는 기억 때문이다

미움은 전파하는 사람의
에너지를 훼손시키나
즐거움은 전파하는 이도
받는 이도 환해지는 법이다

어떤 일이든지 시작보다는
끝맺음이 매끄러워야
그다음 일이 순항한다

땅에서 꺼낸 알

햇빛이 정수리로 사정없이 내리면
양산이 되어 주고

비 내리는 어둑신한 날엔
우산 되어 머리 가려 주고

연잎 닮은 풍성한 품새로 들판에 서서
스카이라이프 되어 여기저기 교신 중

옥토에서 양분 끌어당겨서
넓은 잎사귀로 햇살 받들고

영근 알들 여물어 간다

삼라만상이 여무는 가을날
미끄덩한 뮤신 올공졸공

품은 알 땅속에서 꺼낸
야문 알토란

목련화

다른 이들 아직 잠들어 있을 때

깨어 있어야 해 서풍 불어재껴도

상관없어 내 운명이 그런 걸
조상 대대로 추위 탐이 없어서

다른 이들 아직 잠들어 있을 때
눈뜨고 있어야 해

춘삼월 꽃샘추위는 내 생애
전성기인 걸 서슴거리던 가슴

활짝 열어 온 대지를 압도해 본다

미소가 머무는 곳

봄은 소리 없이
행길 울타리로 내려와
쥐똥나무를 신열에 들끓게 한다

한 이틀 그러더니만
향기 그윽한 하얀 봉우리들
탁탁 터져 튀밥을 뿌린 듯
보는 이를 미소 짓게 한다

쥐똥나무가 이리도 향을 담고 있다니
여름의 온기를 빌려
비로소 까만 열매로
천생 쥐똥 같은 한 줌의 열매가 다닥다닥

가로수 먼지 뒤집어쓴 울타리를 쥐고 있다
언제 이리도 꽃을 피워 열매 맺었담
어설프게 핀 별꽃이더니

어느새 녹두 알 같은 연둣빛 열매가
한 움큼의 씨앗 앞에서 엷은 미소로 답하게 된다

민들레의 굳은 절개

저리 좁다란 돌 틈에 삐죽한 잎을 밀어

허연 탑세기* 쓰고 기어코 꽃 피운다

쉽게 피는 꽃 어디에도 없으리니

무겁던 보도블럭

저 풀꽃을 앉혀 놓고

말을 잊은 채 애잔히 바라보며

저 작은 체 수 생명이 피운 삶의 용기 보소

민들레의 굳은 절개

남자 같은 기개

*탑세기 : 솜먼지의 충청도 방언

바람보다 억센 꽃

수줍은 분홍빛 꽃 몽우리
뻐개기 시작하면 하야말쑥한 솜털이 일품

그 꽃 얼굴 내밀어 본다
유리섬유 같은 여린 갈대꽃

짓궂은 바람이 몸을 세차게
집적거리면 바람보다 잽싸게

몸을 움직여 꺾임을 받아들였다

바람이 숨이라도 가다듬으려면
느릿느릿 주억여 바람과 박자 맞췄다

여린 갈대꽃들은 바람의 비위를 맞춰
우쭐대느라 바람과 대적할 줄 아는 듯

연방 몸을 사렸다 풀었다 야단이다
노끈처럼 질긴 뿌리도

땅의 멱살을 잔뜩 부여잡고
긴장의 끈을 놓지 않는다

바람도 질세라 더 세차게
세차게 불기만 한다

버드나무 단상

겨울 버드나무는 깊은 잠에 빠졌다
영영 못 일어나는 건 아닌지
삭막하기만 하다
영 어두운 분위기다
꿈속을 헤매며 곤히 잠든
비에 젖은 버드나무는 기상도 우중충하다

초록이 그리운 계절이라
내 마음 이리도 급하기만 한데
봄은 급한 걸음으로 오더라도
게으른 버드나무는 미동치 않는다
나무껍질은 왜 이리 구각이 많은지
자꾸 미운 맘뿐이다

늦은 걸음으로 버드나무가
겨울 눈을 붉은빛으로
겨우 기상을 바꾼다
4월 무렵에서야
어머니 저고리 소매 끝동 같은
어두운 꽃자주색으로 얼굴빛이

발그레하니 기지개 켜며 기상이다

봄의 전령사 부지런스러운 개나리는
첫봄을 장식하고 벌써 초록
옷으로 갈아입고 의젓하게
앞자리서 여름을 맞이하건만
버들이 넌 너무 성품이 누지다

이제야 천연덕스레 닦달하며
부지런 떠는 체하니
속 보여
내 맘 이제서야 안도의 숨을 쉰다
장정 버들잎께 고마움의 표적
엄지척을 날려 주며
버들아 고맙다 오느라·애썼다

내년엔 지각하지 말아라!
성질 급한 이내 맘 알아주련

봄 오동도

　하늘보다 넓은 바닷가 오동도로 귀향 온 가난한 어부 내외 살았드래
　어느 날 남편이 바닷가 나가고 없는 사이 도독이 들었드래
　맘보 검은 도독이 아낙의 손목을 잡았드래

　집 밖으로 도망쳐, 남편을 애타게 기다려도 오질 않드래
　뒤쫓아 온 도독 피하느라, 치마 뒤집어쓰고
　열 길 낭떠러지 시퍼런 바닷물에 힘을 다해 몸 던졌드래
　아낙이 남편 눈에 띄었을 땐 뻣뻣한 시체로 변했드래
　남편이 불쌍한 시신을 높은 봉우리에 묻어 주었드래
　이듬해 겨울, 아낙이 떨고 서 있던 그 자리에
　싹이 솟아나고 빨간 동백꽃이 소담스레 피었드래

　오동도 섬사람들은 목숨 바쳐 정조를 지킨 아낙을 기리며,
　늦겨울부터 벙글거리는 동백꽃을 여심화女心花라 불렀드래

　무서운 세상 무심히 살아가는 우리의 가녀린 딸들
　핏빛보다 붉은 동백꽃 전설 들려주고 싶다

병실 안 봄 풍경

봄 풍경을 잘 나타낸 한 폭의
그림이 혼자서 창밖을 향하고 있다

꽃이 바람에 지고 나니
이내 잎사귀들이
아우성으로 산과 들을 뒤덮는다

바람까지 덧대어 정신이 혼미한데
이번엔 라일락이 나와 정신을 뺀다

병원 침대에 모로 누워 무료 관람하는
재미로 하루가 그럭저럭 견딜 만하다

제3부
살아 있는 전봇대

비 오시는 날

창밖에 이른 봄비
하염없이 수직으로 내리고 있다
이렇게 비 오는 날은 뭔 모종이라도
빈 화분에 옮겨 심고 싶다

선조들이 도랑이 쓰고 비 맞으며
밭일하던 디엔에이가 내게도 있는가
온실 속의 스킨답서스는 오늘도
길이가 하늘 높은 줄만 알고 있다

애초에 어린 싹을 모종할 때
기다란 지지대를 세웠건만
일 미터를 넘어서고도 땅으로 흘러넘친다
옷을 재단하듯 가위로 스킨답서스의
그 질긴 인연의 끈을 싹둑싹둑 잘랐다
아프다고 사각사각 소리로 반항한다

더 넓은 빈 화분에 10여 개의 순을
더 잘라 거뭇한 거름흙에 꾹꾹 질렀다
누굴 닮아선지 한 닷새 만에 새순들은

무리 지어 자기네끼리
숲을 이루어가고 있다
거실을 향하여 고개 든
많은 어린 순들 무리 지어 오르고 있다

그래 내가 졌다 능수능란한 고것들은
또 한 무리의 덩굴을 만들어서
한가득 화분이 흘러넘치도록

기고만장하고 있다
제발 땅 넓은 줄만 알 게 아니고
넓은 하늘도 있다는 걸 알아라

어리석은 줄기와 잎들아
그 푸른 기개 꺾지 말고 당당히 건재하거라

비 그리고 바람

오월의 초입이어서
아카시아꽃이 소담스럽다

꽃줄기마다 다투지 않고 차례를 지키니
당연히 내 마음도 어린 열 살이 되어 가고
아카시아꽃 한 볼탱이 물고 선
유년의 뜰에 어린 내가 아장거리고 있다

제 밥 지키며 유희하던 벌떼들
대흥산 아래에서는 그렇게 봄이 익어 들었다

아카시아꽃 줄기 가지고 언니랑
미용 기술 익혔던 어린 날의 뜰
꽃은 따먹고 줄기를 머리에 대고 감으니
독한 약 없이도 파마머리가 되어서

신기했던 기억이 저편에서 웃고 있다
누가 더 잘 나왔나 내기하던 고만한 자매
서로가 거울이 되어 키득거렸다

그 곱던 꽃들은
한때 지나던 소나기로 분탕질당했다
땅에 떨어진 꽃잎들은
이 봄을 거두어 안고
비바람 속으로 유유히 여름 속으로 내달렸다

다른 세상 속으로 떠나며
일 년 후에나 만나자고 하며
철석같이 믿으라 하며 유유히

산이 좋은 사람들

바람막이 된 아늑한 연인산에 오면
이냥 이대로 산이 되고 싶다

세상 풍파에 떠밀린 지친 몸
이대로 멈춰 서서
붙박이가 되고 싶다

산끼리 손잡고 침묵으로 서서
며칠만이라도 이렇게 서 있고 싶다

산과 친구 되어 산소 마시며
하루 이틀, 사흘만이라도

전원 카페 '산이 좋은 사람들'에 들어가
하루 이틀 쉬면서 정화되고 싶다

살아있는 전봇대

메타세콰이어는 남다른 기풍과 골격을 지닌 남정네

메타세콰이어는 몸가짐이 의젓하고 고상한 남정네

메타세콰이어는 학업이나 품행을 본받을 만한 남학생이다

메타세콰이어는 몸을 움직이거나 가누는 모양이 진지한 남정네

메타세콰이어는 덕행이 높고 예절이 바른 남정네

메타세콰이어는 주먹 함부로 내두르지 않는 남정네

메타세콰이어는 태도나 방식이 한결같은 남정네

메타세콰이어는 영원히 살아서 죽지 않을 남정네

메타세콰이어는 가을엔 붉은 갈색 옷으로

바꿔 입어 멋지고 기품 있는 남정네다

낯선 여행

나는 일상 같은 여행을 꿈꾸는
순례자의 넋두리를 자주 한다
어김없이 한 해가 지나고
다시 한 해가 찾아든다
그리고 우리는 어김없이 한 해를
되돌아보고 또다시 마주할
한 해를 위해 새 계획들을 세운다

운동하기, 한 달에 책 한 권 읽기,
저축하기, 여행 가기 등
새해가 되면 차이를 제외하고
모두가 비슷한 목표들을 적어 본다
거하지도 특별히 어려울 것도 없는
평이하고 그럴듯한 계획인 탓인지
누구나 쉽사리 동그라미로
채우지 못하는 계획들 세우기 바쁘다

삶은 언제나 낯선 여행처럼
산 설지 물 설지 길이 설어서
우리 살아가는 길목에도 모르는 이와

대적할 일이 얼마나 많던가
여자라면 첫 번째가 시댁과의 갈등
그 형제들과 과적해야 했다
또한 직장에서의 갈등 모두
우리가 이겨내야 하는 목표다

삼 개월 후

올몽졸몽 항아리 안 설탕에
쪼글쪼글 절인 매실은

나무에 매달렸던 추억 잊을세라
올공졸공 앉아 기억 더듬는다

삼 개월 곰삭아진 달콤한 액체
유리병에 담아 갈무리하니
이내 위장이 따뜻해졌다

건져내고 남은 건더기길
이 쇼 들이 소주 대병을
콸콸 부어 지둘러 다시 삼 개월

곰삭은 매실주 한 잔 걸친 시아버지
얼굴 볼그족족하신 채
매실 약주에 제육복음 한 잔 걸치니
혀에 짜악 달라붙었다고 좋아한다

검은 집돼지 우리 속에 뛰놀던 생각

접지 못하고 깊은 시름에 자주 젖는다

잡내가 싹 가신 보드레한 돈불고기
한 볼퉁이 넣으니 행복감이 널널해
입술에 고추기름 번들거리는 초저녁

삼 개월 후 위장이 깔깔 웃음판이여

서리태콩

검정콩은 혼자서 이리 여물어질 리 없다
검정콩은 소낙비 몇 줄금 맞으며
검정콩은 장맛비 보름 내내 맞으며
검정콩은 무서리 된서리 맞으며
콩알은 저 혼자 들어찰 리 없다

콩알은 지나는 소낙비도 가타부타 말없이 맞았고
콩알은 땡볕 서너 달 속에 들어찼다
콩알은 된서리 흠뻑 맞고서야 파란색의
콩이 둥글게 들어찼다
무슨 설움 이리 많아 서리서리 맺혀
이리도 야물까?

석류의 계절

꽉 쥔 주먹 속엔
눈부신 홍보석이 한 웅큼
손바닥 펴니 햇빛 반사하듯
루비석 곱기만 하여라

달거리 빛이 손바닥 흥건하다
이제 갱년기 덫에 걸려
불면의 밤 지새운다

내 분비샘을 되돌려 보려
붉은 보석 한 웅큼
털어 넣고 오물거려 봐도

아무려면 젊음만 하리
후유 뱉어내는 날숨

구들장 꺼지게 토해내는 밤
석류는 알까?

붓질하며

그윽한 묵향 그 내음
마음에 스며들면
조용한 기운이 영혼을 적힌다

붓대 손에 쥐면 필담이 우르르
몰려와 정좌하고 이바구하잔다

붓질 속엔 영롱한 형상의
색채들이 이엄이엄 조르르 나와
내 생각을 어리게 한다

그윽한 묵 내음 그 향
가슴에 담으면 고요한 기운이
영혼을 자유롭게 넘나든다

붓에 먹물 들여
산수화 같은 글씨 새기고
글씨 닮은 한 폭의 수묵화 쳐 본다

얼굴

젊은이 얼굴은 보기에 참 좋다
그저 젊음으로 돋보인다

얼굴 표정이 정직하다
얼굴엔 그 사람의 됨됨이와 맘씨가
겉으로 풍겨 나온다

나이 든 얼굴엔 그 사람의 일생을
고스란히 담고 있어
정직하고, 순박하고, 온화한 얼굴
남에게 얻은 신용과 평판
체면이나 명예를 모두 담고 있다

얼굴엔 정신과 넋이 배어있어.
그 사람이 어떤 삶을 살아왔는지를

점철할 수 있는 리트머스 시험지와 같다

진실은 느리다

남의 비위에 맞게 꾸민
달콤한 말이 얼마 지나지 못해
나쁨이 드러난다

마음이 진실한 사람은
언제나 상처받고 아파한다

진실은 눈에 보이지 않지만
형체를 드러내는 법이라

진실 너는 속도가 너무 느리다

참치 찌개

김치찌개에 들어갈 건더기가 곤궁해
참치 통조림 뚜껑을 원터치로 재꼈다
남극해 인도양 넓은 바다 유영하던
바다의 귀족 참다랑어
어쩌다 우리 집 식탁까지 입성한다

토코페롤이 뇌 혈전의 비상약이라
디 에이치 씨까지 많아
구수하니 맛지다

튼실한 놈이 억센 원양어선 어부들
손에 붙들려 온 어눌한 놈
김치찌개 속에서 파닥거린다
좁은 냄비 속에서 유영한다

넓은 바다인 줄 칙칙
도망병을 시도해 본다

김치찌개 너무 뜨겁다고
바다로 나가는 꿈 꾸나 보다

청빈의 덕

아무리 가난해도 마음이 있는 한
나눌 것은 있다 근원적인 마음을
나눌 때 물질적인 것은 그리
중하지 않아서 베 품은 자연히 따라오니까
계산법으로 나눠 가질수록
내 잔고가 줄어들 것 같지만
나눌수록 더 풍요로워진다는 진리
풍요 속에서 사람이 타락하기 쉽다
그러나 맑은 가난은 우리에게 마음의
평안을 주고 올바른 품성을
지니게 하니 행복의 비결은
필요한 것을 얼마나 갖고
있는가가 아니라
불필요한 것으로부터 얼마나 자유로워져 있는지
위에 견주면 모자라고
아래에 견주면 남는다는 것이 있듯
행복을 찾는 오묘한 방법은
내 안에 있다
작은 것과 적은 것에서
만족할 줄 알아야 한다

그것이 청빈의 덕인 것을
긍정과 부정 가난과 부
모든 것은 내 마음에서 비롯되니까

시인의 눈

공기 속에 떠돌던 수분 하늘로 올라 엉기니
우울증 걸린 얼굴매치로,

변변치 못한 음식이 맛은 구수한 것처럼,
먹을 만하듯이
그런대로 머리를 뒤로 제쳐
하늘을 보게 하는 날이다

잿빛 바탕화면에 날쌘 제트기가
하얀 매직으로
휘딱 굵은 선 삐딱이듯 내갈기어,
시치미 떼며 소리 없이 돌아친다

충청도 양반 의뭉은 저리 가란다.
뭉툭한 매직의 촉은 보이지 않고
회색 바탕에 제멋대로 그리는 선
아름다운 선율의 경지에 이르리
하늘 신께서 내게 주신 행복이다

육십 년 전 키운 상상력은

나이를 잊고 살아가고 있다
시간은 쉬임 없이
가더라도 감성은 젊은 대로여서.

시인은 정년 없는 종신직이여
시 역사는 멈춤 없이 이어가리라

제4부
발칙한 상상

하루초

물봉선화 같은 곱상한 하루초
붉은 나비 가날픈 날개같이 얇기만 하여라
꽃이 피었나 하고 덩달이가 되면 없어진다

우리는 속았다.
늘 피어 있다는 감이
시테크로 다가서니까
선착순으로 피어난 꽃은
그날 당장 열반에 들고 만다

줄기와 잎 겨드랑이에
우북하니 나오는 꽃들
늘 새 기분을 내기도 전에
시야가 어둡다

무엇이 그리 급해
하루 만에 피고 하직하는지
먼저 간 꽃잎들
옷 벗어 발등 위에
차곡히 개어 놓고 먼 나라에 입문했다

먼저 간 하루초들
사후세계에 환생하여
우리네 우중충한 맘을 정화시키리라

내일은 없다
하루만 충실히 살고 말지어다
하루살이가 표절이라 고발할 것 같은
땅거미 내리는 해질녘!
어스름 그리고 어둑신한 초저녁!

헤어지는 날

하늘로만 떠다니다 무거워
헤어지기로 한다
입자들 모두 헤어지며
아래아래 수직으로
비로소 물이 되어
비 되는 날 비가 내리면 우리는
우산부터 준비하나니
꽃들은 가슴부터 활짝 열어
맑은 생수 받아 들이킨다
안양천 산책길서 만난 가을비
촉촉한 시간은 건너뛰고 싶어라
한 번쯤은 생의 한가운데 뛰어들어
흠뻑 젖어 보아도 괜찮을 것을

화양리 간이역

고향의 보잘것없는 화양리
간이역이 얼비친다

급행열차는 서지 않는 역
눈 깜짝할 사이 미끄러지듯 쪼르르
도시 사람들을 풀어놓고 가던 역
컴퓨터의 키보드 엔터 키 빼먹듯
건너뛰던 오죽잖은 화양리 간이역

작은 역의 무너져가는
나무 울타리에 의지하여
기차 배웅하던 소녀는
급행열차를 혼쭐 놓은 아이마냥
그냥 바라보곤 했었다

가을이면 코스모스가 지천인 화양리 역
옷깃만 스쳐도 인연인 것을
하물며 부부 됨은 억천만겁 연이라니

혼자보단 둘이 나을 것 같아

구혼 여행길에 올랐다

그 따슨 물 펄펄 나오는 온양온천
한 우리에서 지지고 볶으며
남들 봄엔 다정해 보여도
곰곰이 파 보면 속 시끄럽던 때가 부지기수
젊어선 일등열차 달리듯 기선 제압이
우선인 줄 알고 서로를 이기려 했으니
나이 들어 자녀들 짝을 물고 왔다

낯설게 적응하느라 가슴앓이도 많았지
인생 여행이 지루하여 말년 되어서
화양리 간이역에 내리니
어그러진 서로의 모습만 보였다

증오를 훌훌 털어 버리지 않고야
어디 일심동체라고 할까
화해와 용서는 위대한 가정을 출산한다나
의지, 존경, 격려, 신뢰, 용납, 이해,
칭찬, 사랑, 용서, 표현하며 살아야 함을

머리 올리기 전 숙지하고 식장 길에 올랐더라면
매끄럽게 살고 질 것을 아근바근 질기기도 했다

억겁의 인연이 눈에 보이기 시작
인생 열차엔 간이역이 없다
숟가락 던지는 날까지
긴 여행 찌가 앉은 의자에 실려가듯
새파란 젊은 가슴엔 허증도 많았지

혼을 섞으면 다 해결되는 줄 알다니
더 많은 혼란이 비누 거품같이 일었다
이제 와 이만큼 걸어와 뒤돌아보니 읽힌다

동반자는 철학자 스승이자 성인聖人인 것을!
오죽잖은 화양리 역에 내려고야
이반치 달려온 인생 뒤안길이 가깝게 보인다.
그만 여기서 알량한 자존심 집어 던지고
구순하게 살다 지리라
부부는 원수지간이라서

발칙한 상상

밤하늘에 반짝이는 수많은
별 들 상상력을 부추긴다
그 별들 올려다보면서
별 되고 싶은 충동 일었다

예술가는 죽어서 하늘의
별이 된다고 했다
그중에서도 제일 먼저 샛별이
되는 사람은 시인이란다

몇 수의 시 써놓고
금성이 되는 상상 해본다
이 밤, 야심차게

발칙한 상상 해봤다

촌수

젊어서는 없이 살아도, 저축할 돈이 없더라도 참 좋았다
내 한 몸 부지런히 일하면 식솔들을 먹여 살릴 수 있었지만
건강을 밑천 삼아 뼈가 부서지도록 일해도 고생인 줄 몰랐다

늙으니 기력 딸려 더 벌 수 없게 되자,
젊어서 좀 더 저축을 많이 해 둘 것을…

몸이 쇠약해져 아픈 날 많아지니
자식들의 발걸음 뜸해졌다

옛말 그른 것 하나 없다
"젊어서 농땡이는 늙어서 보약"이라고…
"늙으면 자식 촌수보다 돈 촌수가 가깝다"는 말
몸 아파 보니 이제야 알겠다

거리의 하얀 핀

시내 거리를 뒤흔들고 희희낙락하는
피 붉은 젊은 처자들
정수리에 하얀 핀 하얀 머리띠

올해는 유별나게 상주가 많구먼
맘에 상처받은 슬픔들이
거리의 행진처럼
한참 걷다 보니 또 보인다

올해의 유행이라나?
어머니 여의고 머리에 꽂는
슬픈 리본이 유행이라니
가슴 한구석이 먹먹해지는 오후다

비스듬히 기운 햇살이 그리워

봄 잎눈 틔우느라 햇살은 들녘에 내려왔다
천지에 꽃눈 틔우느라 햇살 그저 바쁘다
잎사귀랑 꽃잎 널 부러뜨리느라
햇살은 열을 올린다

여름날 잎사귀에 쪽물 들이느라
온 힘 다한다. 천지의 초록 잎
두껍게 하느라 햇살은 근력이 부친다

가을 잎사귀들 빛깔 바꿔주느라
햇살은 높이 오른다
푸른 잎에 고운 물감 들이붓고
햇살은 자꾸자꾸 올라간다

겨울엔 사람들 춥다고
옹 송이고 높이 올라서
힘 빠진 햇살 그리워한다
비스듬히 기운 햇살은 따뜻하다

손 없는 날

이삿날 택일을 받으러
철학관으로 달려갔다
사람 눈에 보이지 않는
귀신은 동서남북 네 방위로
촐랑거리고 다니며
활동을 방해하고 나쁜 영향
흩뿌리며 방해 공작한다고 일러준다

어정칠월은 앉은 자리도 옮기지 않는다고
어른들은 일렀다
손은 이삿날 촐랑대서 더 조심스럽다
이삿짐 반짝 들어다 옮겨주는 이들도
수고비를 더 주란다

둘이 하나 되는 혼인 택일도 어렵다
양가 부모 혼인 달 비끼고
양가 불길했던 날 비끼고
양가 제삿날 비켜
나머지 날을 뽑아낸다

모두 돌아가는 형세가 바빠서

다 말살하고 주일이 좋은 날이다
주일이 '손' 없는 날이 돼 버렸다
모든 이가 선무당 되었다

고추잠자리

푸른 하늘 위로 씽씽이다가
코스모스 위에 살짝 앉았다가
날아가는 고추잠자리

고추잠자리 여름 끝에서 가을까지 하늘을 비행 인다.

알에서 애벌레가 되고
허물벗기와 날개돋이하기까지
잠자리는 안양천에 비행
모드로 오르락내리락하니

손에 잡힐 듯 말 듯 하여
내 성질 건드렸다
갑사 날개옷 해입고 살랑거리며
호사스레 자랑 인다

갑사 천은 가볍고 공기 잘 통해
반투명한 옷감이라
울 언니 서울 나들이 갈 적에
살짝 걸치고 갔다 와서 벗는 옷

보랏빛 제비꽃

발에 짓밟히는 그날부터
봄은 먼저 껴안아 주고 싶었던 걸까?

세상이 버린 듯한 응달에
보랏빛 희망을 바라보며

봄에 응수하느라 봄보다
먼저 머리 들고 하늘바라기 해 본다

파란 줄에 서지도
붉은 줄에 서지도 못하고

보라가 오글오글 모인 차가운 바닥에
보랏빛 희망은 봄보다 먼저

봄을 향해 머리 들고 까치발을 하며
은근한 잔치에 끼어들 준비로 잔뜩

들떠서 보랏빛에 물들이며
보라에 보라로 사는 꿈을 꾸고 있다

내 고향 가야실

내 고향 가야실은 어린 날의 아지트
멀리 떨어진 신작로에서 바라보면
 미루나무 정수리가 여럿 보이면 내 집
비포장도로 덜커덩거리며 나를

홍성장서 태워 와선 부리고 가던 곳
시골 버스 안의 흔들림이 지금도 차멀미는
가시지 않아 그냥 꿈속에서만
오가면 좋을걸
 난 마음 부자 정신적 지주가 되어 준
홍성이 있어 서다 나의 탯줄이 묻힌 곳

자라면서 무수히 뛰어다닌 발자국들은
잔잔한 그림 한 폭이 각인되어 있다
어른들은 가야실을 개실이라는
줄임말로 불렸다
금마면 가산리 개실

이끼가 아름다운 고장이라고
참 샘이 있어 깊은 골짜기에

이끼가 아름다워서
그곳에서 내 키보다 큰 꿈을 키웠다

서울 가서 사는 신나는 꿈 씽씽
달리는 방개 차 얼마나 화려한 꿈인가
봄엔 무논 가득 피는 자운영꽃이
내 마음 사로잡아 감금시켰다

서울로 향하는 덜커덩거리며
흙먼지 한가득 퍼뜨리던 서울행은 서울로만
뒤도 보지 않던 그 버스가 내 맘에 있다
지금도 그 신작로 가에 서성거리다 깨곤 하니

꿈은 늙지 않는가보다 꿈은 그냥 꿈
마음 가다듬어 추스르곤 했다
무한정한 꿈을 개실은 알리라
내 안의 고향 향한 맘을 화인을

노을빛

해는 이 자리가 아닌
싯붉은 저녁놀과 다가올 땅거미와
숨바꼭질로 자리를 바꾼다

온종일 태평성세로
낮을 밝히며 노닐더니
이제 저 산 너머로 갈 차비가 바빠지고
암적색으로 한 번 덧칠해

저 산 너머 미지의 세계로 향하나 보다
저 너머에 누가 있길래 저리 서두르고 있을까?

붉게 물든 하늘 끝 노을빛 생이 저물 듯
하루가 여물어 가려 한다

노을빛은 마음을 차분히 다독인다
종일토록 하늘을 화려하게 독차지하더니
붉은 물 들이더니 이제 그 너머로
안착하려 한다

그 기상 무안당한 새색시 얼굴빛으로
그 발그레한 빛으로!

푸르스름한 달빛이랑 바톤 터치한다
온 대지는 숨을 참고
관전하는 순간이라
그 순간만은 내 맘도 불그레 물들어 순해진다

떠나보낼 그를 아쉬워하다
나도 하루를 충만히 마무리하며

다시 땅거미를 곱씹으며 이슥해져 가는 밤

생각에 졌고 들고 지고
노을 속으로 상상 속으로

미지의 세계로 잠적하고 말지어다

메모

평생 일기 쓰는 일이 과업이었다
어느 때부턴지 기록하는 일도
버거워 거꾸로 가고 있다

젊음은 생각이 팡팡 돌아서
백지에다 쓰고 버리기를 수없이

이제는 어림도 없다
종이까지 잊어버린다.
글쓰기는 메모가 으뜸인 것을
이제는 탁상달력에까지 범하여
점점 기억력이 가물가물 인다

속 침으로 겁이 덜컥 났다
그럴 때마다 글 쓰는 일을
더 열심히 파고들었다

물건을 찾으러 뒷방으로
갔다가 그냥 오길 몇 번

부러진 백오십 살이나
됐으니 안 그럴까?
우리 할머니 나이만큼 살았다
우리 집 달력은 그 많은
짐을 지고 거뜬히 서 있다
일 년의 무게 버거우면

언젠가는 그 무게에 고꾸라지겠지

이젠 입력된 정보만 읽어야 한다
내 앞에 일어나고 있는 모든 일을
저장하려니 옛날 추억을 잊을 수 없지
자꾸 잊힐까 두려워 좌불안석이다

문인의 길

하늘이 문을 닫아 해가 없는 밤에도
내 안의 생각은 늘 열려 있어야 했다
땅거미가 내려와 걸어 다니는 밤이면
내 안의 상상력을 더 키워 발아시켜야 하리
세상이 잠들 때 신이 움직이니까
더러 생각이 막히면 책상에서 일어나
뛰쳐나가 자연의 품에 안겨도 본다
나무도 꽃도 풀도 읽어 본다
눈으론 사물을 관찰하고
머리로는 원고지를 메꾼다
그래도 글가마리가 없다면
사람이 북적이는 마트로 나가
흥정을 해본다 물건 값이라도 알아보고
빈 주머니라도 만져 본다
눈으로 사람들을 점철하고
가슴으로 펜을 잡아도 본다
손끝에 자라나는 돈의 환상을 잊기
위해서라도 글과 싸워야 한다
육체가 약해지면 영혼이라도 팔아야 한다
문인은 오로지 써야만 하는 사람

글을 써서 세상을 윤택하게
해야 할 사람 문인의 문패 걸고
쓰는 일을 게을리한다면
서재에다 무덤이라는
각목을 질러야 하리라

■해설

탈세속의 시 정신을 담은 사물 언어

박 몽 구
(시인·문학평론가)

 시인은 누구인가라는 정의를 두고 예로부터 저명한 문학 이론가들과 시인들 사이에 다양한 견해가 쏟아져 나오고 있음은 물론이다. 때로는 정교한 문학 이론 앞에서, 때로는 사변적인 말의 숲에서 헤맨 적이 한두 번이 아니다. 그런데 사변적이 아닌 실로 간단한 말 앞에서 크게 공감한 적이 있다. 전봉건 선생이 한 문학지의 '시인은 누구인가?'라는 앙케이트에 답한 말인데, '시인이란 나이가 들수록 어려지는 사람이다'라는 것이다. 이 말은 어느 정치한 문학 이론이나 사변적인 말보다 나의 마음을 크게 움직였다. 어려진다는 것은 단순히 생리적 연치를 가리키는 말은 아닐 것이다. 시인이라면 연치가 더할수록 모름지기 세속과 타협하지 않을 뿐만 아니라, 허망한 욕망에 휩싸이지 않는 무구한 정신이 갈수록 단단해지는 사람이라는 의미일 것이다.

사물의 생리를 빌어 인간사를 말하다

이영숙의 시집에 수록될 시들을 일별하면서 우선 다가오는 것은 무구한 눈으로 세상을 바라보는 눈이다. 고정 관념이라곤 없이 세상사와 자신을 견주어가며 바라보는 시선이 신선하게 느껴진다. 또한 상당한 문학적 여정에도 불구하고, 마치 초입에 들어섰을 때의 설렘과 무구한 시인의 마음을 헤아리게 만드는 천진난만함이 읽는 이의 마음을 사로잡는다. 이는 연치를 잊은 채 시작에 몰두하는 열정이 함께하고 있는 덕분일 것이다. 나아가 욕망으로 점철된 세속을 비판적으로 투시하는 비판안이 시인을 젊게 해주고 있다는 것을 절감하게 된다.

    바닷가 옹송거리고 걸쳐 있는 조약돌
    바닷물이 울컥 토악질하면 이리 치이고
    저리 치이며 쑥덕거린다

    사색할 틈 주지 않는 세도 당당한 파도
    각진 데 없는 매끄러운 조약돌
    물살에 깎여 둥그레진다는 것
    뼈를 깎는 아픔이거늘

이만치 살아서야 조약돌이 읽힌다
바닷물이 낳은 원만한 물체

세파에 대껴진 나
많이 밀려다녔건만
아직 멀었나 보다
물속으로 더 깊이 잠겨
동글납작한 조약돌 되리라

젊은 날 넘실거리는 파도타기는
아주 재미있었다

동해 바닷물 주름 잡으며
와르르 밀려오면
두 발 폴짝 들어 순간을 넘겼다

뜨거운 여름날 해가 이글거려도
살은 와드득 떨리고
이내 바다는 잠잠해져
참선할 수 있었다

그런 기개는 어디 가고
몸이 무시로 저리다고 말을 건다

무시로 일렁이는

무섬증이 손을 내민다
통증은 휴일을 모른다

두 손 모아 마음을 모으고
참선에 들게 하는 저녁

-「파란만장」 전문

 바닷가에서 긴 세월 넘나드는 파도를 견디며 살아온 '조약돌'을 소재로 한 작품이다. 조약돌의 생리를 알레고리로 하여 화자가 걸어온 삶을 돌아보고 있는 작품이다. 화자는 조약돌이 걸어온 길을 가리켜 '바닷물이 올 칵 토악질하면 이리 치이고/ 저리 치이며 쑥덕거린다// 사색할 틈 주지 않는 세도 당당한 파도/ 각진 데 없는 매끄러운 조약돌/ 물살에 깎여 둥그레진다는 것/ 뼈를 깎는 아픔'을 안고 살아왔다고 말한다. 보길도 몽돌 해안 앞에 서면 둥근 조약돌들이 파도가 칠 때마다 여느 악기가 흉내 낼 수 없는 소리를 내지만, 그 아름다운 화음은 긴 세월 거친 파도를 견디며 살아온 아픔이 빚어낸 것이다. 화자는 그런 조약돌의 드라마를 자신이 걸어온 길에 비추고 있다. 즉, '세파에 대껴진 나/ 많이 밀려다녔건만/ 아직 멀었나 보다/ 물속으로 더 깊이 잠겨/ 둥글납작한 조약돌 되리라'라고 말하고 있다. 손안에 쏘옥 안길 만큼 '둥글납작한 조약돌'처럼 되기 위해서는 힘든 세파를 더 묵묵히 견뎌야 하리라는 다짐에 다름 아니다. 나아가 화자는 '넘실거리는 파도타기(가)/ 아주 재미있었'던 젊은 날과 '그런 기개는 어디 가고/ 몸이 무시로 저리다고 말을' 거는 오늘을 대비시키면서, 젊은 날 거친 파도와 맞서 싸우던 기개의 기억으로 오늘의 위기를 넘겨야 한다고 말한다. '두 손 모아 마음을 모으고/ 참선에 들게 하는 저녁'이라고 결구함으로써, 지친 몸을 엄습하는 무섬증과 통증을 불굴의 정신으로 이겨내리라는 각오를 다진다. 그것은 자신의 내면을 돌아보고 다지는 '참선'이라는 시어로 응축되어 있다.

 이렇듯 이영숙은 자신의 내면을 직설적으로 토로하기보다 마음의 높이에 맞는 사물을 통하여 구현해 내는 전략을 진지하게 모색하고 있다. 가령 강가에서 만난 '상고대'를 제재로 한 다음 작품은 이영숙 시의 미학을 잘 드러내고 있다.

  겨울 강가 벌거벗은 나뭇가지에
  분무기로 물 뿌린 듯
  새벽녘 이슬비 한 줄기 내리자
  잽싸게 살얼음을 만들고 있다

  이슬비보다 약해서 시름없이 오는 는개비는
  하얀 얼음꽃을 만들어서
  아침 무대 위에 햇빛을 조명 삼아
  '상고대'를 만들어 낸다

  나무에 앉은 비는 온도에 의해
  살짜기 얼음의 형태가 되어
  아주 보기에 아름답고 신기하게

얼음꽃처럼 보이니 그저 신기하다

　　적당한 살가운 추위와 온도가 더해져서
　　영롱한 얼음꽃을 만들어 보여 주고 있다

　　어려운 환경이 연출되어서
　　더 아름답게만 보이는가
　　춥고 열악한 밤 묵묵히 견딘 끝에
　　인내로 피어난 삶의 꽃

　　다시 더 신비롭다
　　되비추어지고 있는 상황일지라도
　　하나의 예술로 승화되었다
　　　　　　　　　　　-「는개 내리는 아침」 전문

　위의 시의 화자는 '이슬비보다 약해서 시름없이 오는 는개비는/ 하얀 얼음꽃을 만들어서/ 아침 무대 위에 햇빛을 조명 삼아/ '상고대'를 만들어 낸다'고 말하고 있다. 이를 통해 화자는 이슬보다 가는 는개가 하얀 얼음꽃이 되어 하룻밤을 견디고 나면 상고대로 변해가는 모습을 관찰하고 있다. 여기서 '상고대'는 '나무나 풀에 내려 눈처럼 된 서리'를 가리키는 말인데, 춥고 어두운 시간을 견디면 찬 얼음이 더없이 아름다운 꽃으로 변해 가는 알레고리를 통하여, 인간사 역시 배고프고 힘든 시간을 잘 견뎌내면 아름다운 결실을 맺는다는 점을 환기하고 있다. 화자는 그것을 '적당한 살가운 추위와 온도가 더해져서/ (핀) 영롱한 얼음꽃'과 '춥고 열악한 밤 묵묵히 견딘 끝에/ 인내로 피어난 삶의 꽃'의 대비를 통해 전개하고 있다. 나아가 화자는 그것들을 아울러 '되비추어지고 있는 상황일지라도/ 하나의 예술'이라는 명제로 결구함으로써, 모름지기 아름다운 삶은 돈이나 겉치레 아닌 어려움을 견디고 굳건하게 서는 정신이라고 말하고 있다. '는개'라는 제재 역시 여리고 부드럽지만 아름다운 세상을 일궈 나가는 민초들의 삶을 설득력 있게 상징하고 있다.

    호박씨를 긁어내다 우리 삶을 엿보았다
    사람이 꺼내주기도 전에 호박 속에서
    싹을 틔웠다
    많이 당황했으리라

    이런 자연계와 마찬가지로 우리네 삶도
    평이하지만은 않은 법이어서 더러는
    극한 상황에 놓일 때가 있다

    암흑 같은 나락으로 떨어지는 듯하다가도
    다시 일어서곤 한다
                           -「녹색 꿈을 꾸는 호박」 부분

    내 고향은 숨이 막힐 정도로
    사시장철 더우니
    살아내는 요령 터득했지

> 내 몸에 피어난 꽃을 위해
> 배가 불뚝 물 머금고 있으니
> 잎은 최대한 날씬해야 수분이
> 날아가지 않도록 가시를 더 곧추 세웠다
> 그러면 가시가 돋았다고 손을 사린다
>
> ―「백년초의 노래」 부분

 사물의 내면생활을 알레고리로 제시한 다음 이를 통해 인간사의 비밀을 환기하는 시적 전략을 구사한 시들은 이 시집의 주조 가운데 하나이다. 앞에 든 시들은 그 같은 시적 장치를 잘 갖추고 있는 예이다. 앞에 든 시에서 호박씨는 '사람이 꺼내주기도 전에 호박 속에서/ 싹을 틔'운다. 외부의 방해를 받지 않은 채 넉넉한 어미 호박의 살을 자양분으로 삼아 틔우는 호박씨는, 자신이 가진 것을 모두 내주어 아이를 갖고 기르는 모성의 희생 정신을 꾸밈없이 보여준다. '암흑 같은 나락으로 떨어지는 듯하다가도/ 다시 일어서곤' 하는 드라마는, 가령 큰 사고시에 제 몸으로 깨진 유리 조각이며 못 따위를 죽음을 무릅쓰고 막아내면서 몸을 둥글게 말아 어린것을 고이 지켜내는 모성의 에피소드 등과 잘 합치된다.

 뒤에 든 시에서는 뜨거운 남미의 사막이 고향인 백년초의 미덕을 알레고리로 삼고 있다. 온몸에 가시가 돋아 사람의 손길을 한사코 거부하는 백년초지만, 실은 제 '몸에 피어난 꽃을 위해/ 배가 불뚝 물 머금고 있고/ 잎은 최대한 날씬하게 만든 위에/ 수분이 날아가지 않도록/ 가시를 더 곧추

세'워 꽃을 지키려고 몸부림치고 있을 뿐이다. 울울하게 돋은 가시를 본 사람들은 백년초에 가까이 가기를 포기하고 덕분에 2세를 위한 꽃을 지킬 수 있는 것이다. 이는 자신의 삶은 투박하고 거칠게 만들면서 어린것들은 곱게 안온하게 지켜가는 사람살이의 지혜를 곧잘 환기하는 알레고리이다.

삶의 뿌리를 돌아보다

이번 이영숙의 시집에서는 핏줄과 고향살이에 관한 시편들도 큰 넓이를 차지하고 있다. 시인은 자신이 걸어온 삶을 돌아보면서, 그 전신적 골격을 이루는 데는 태어나고 자란 땅, 그리고 묵묵히 어려운 내색을 하지 않으면서 올곧은 나래를 펼 수 있도록 의지가지가 되어준 부모의 손길에 대한 자각이 골격을 이룬 시편이 적지 않다.

> 누에가 고치 안에서 집을 뚫고 나와
> 때 묻지 않은 알을 낳고
> 사람에게 이로운 비단실을 내어
> 생을 마치듯이
>
> 어머니도 세상에 오셔
> 희생으로 온 힘을 다하셨다
> 길쌈을 하시어 여러 남매
> 헐벗지 않게 살펴주시고

밤새워 짠 한 필의 베를 팔아
어린것들 입에 다디단 먹거리
끊기지 않게 해주셨다
공납금 제날짜에 꼭꼭 챙겨서
큰딸 학교 가는 길
든든하게 손 흔들어 주면서도
정작 자신을 위해서는
변변한 옷가지 하나 사입으러
시장에 가는 걸음 한사코 늦추셨다

어머닌 그 힘이 다할 때까지
식구들을 위해 궂은일
도맡아 하시다가
연꽃 만발한 연화대를 찾아 승천하셨다

어머니의 일생은 누에와 같아서
나비 되어서 봄 언덕을
훨훨 날다가 기진해지면 꽃송이에
살포시 내려서 지친 몸
이제 비로소 쉬어 가시겠지
흘리는 맑은 이슬 같은 눈물에
어머니 뒷모습 안쓰럽게 비친다

-「누에 닮은 어머니」 전문

자신을 위해서는 지극히 인색하면서도 식구들을 위해서

는 어려운 일 마다하지 않던 시인의 어머니 모습이 잘 투영된 작품이다. 췌사를 남발하는 사모곡이 아니라, 누에의 생을 빌려 어머니의 삶을 곡진하게 조명해내는 기법으로 화자의 사유를 담아내고 있다. 화자는 '누에가 고치 안에서 집을 뚫고 나와/ 때 묻지 않은 알을 낳고/ 사람에게 이로운 비단실을 내어/ 생을 마치듯이// 어머니도 세상에 오셔서/ 희생으로 온 힘을 다하셨다/ 길쌈을 하시어 여러 남매/ 헐벗지 않게 살펴주'셨다고 말하고 있다. 비단실 다 풀어내고는 작은 번데기밖에 남지 안는 누에의 삶과 식구들을 위해 길쌈을 하시던 어머니의 삶을 병치해 놓고 있다. 이로써 구두선이 앞선 사모곡을 넘어 어머니의 삶이 더욱 곡진하게 각인되고 있다.

  화자는 회상한 어머니의 생을 '밤새워 짠 한 필의 베를 팔아/ 어린것들 입에 다디단 먹거리/ 끊기지 않게 해주셨다/ 공납금 제날짜에 꼭꼭 챙겨서/ 큰딸 학교 가는 길/ 든든하게 손 흔들어 주면서도/ 정작 자신을 위해서는/ 변변한 옷가지 하나 사입'지 않으셨다는 미덕의 알레고리로 형상화해 놓고 있다. 나아가 마지막 연에 '어머니의 일생은 누에와 같아서/ 나비 되어서 봄 언덕을/ 훨훨 날다가 기진해지면 꽃송이에/ 살포시 내려'앉을 것이라고 말함으로써 어머니가 생이 고리를 풀고 '나비'와 '꽃송이'로 환생하기를 바라는 마음을 담은 것으로 볼 수 있다. 구구한 췌사에 그치지 않고 어머니의 생과 사를 누에와 나비 등의 사물 이미지를 빌려 말함으로써 더욱 절실하게 만드는 전략이 녹아 있는 작품이다.

> 젊은 날 혼자라고 생각했던 적 있었다
> 그래도 걱정으로 잠 못 드는 밤은 아니었다
> 뚜쟁이의 다리로 그 사람 만나 그냥 살아갔다
> 그 후 식구가 하나씩 늘더니
> 여남은 명이다
> 기념일에 인증샷 찍어 벽에 걸었다
> 액자 속에 갇혀 있던 붙박이 표정들
> 누가 가족 아니랄까?
> 나도 꽃 같은 젊음 있었고
> 그이도 상남자 시절이 있었다지
> 지금은 낯선 할배 할매 되어
> 꼭짓점에 서 있다
> 증조부께서 차려 주신
> 다단계회사 번창하고 있나이다
> 자자손손 이어갈 뒷배도
> 든든하답니다
> 대 끊김 없이 잘 다스리겠나이다
>
> -「가족사진」 전문

며느리와 친해지기 위해
가정의 대소사를 의논해 본다
무슨 일이든 터놓고 얘기하며 의견을 존중한다
취미를 갖도록 의중을 타진하여 격려해 준다

같은 신앙을 가지려 노력해 본다
역할 분담을 하는 게 좋다
가식적으로라도 아들 흉을 본다
가끔은 필요한 물건을 사준다
딸에겐 무관심해 보인다
한 달에 한 번씩 외식하며
손자들의 재롱을 기꺼이 즐긴다
저녁 식사 후엔 부르지 않는다
가끔 친정의 안부를 묻는다
며느리는 피가 섞이지 않은
호적상 자식이므로 많은 것을
요구하지 않는 예의가 필요하다

딸의 입장보다 사위 입장을 먼저 생각해 준다
사위의 가정사에 깊이 관여하지 않는다
백년손님이 아니고 아들같이 격의 없이 대한다
사위 취미를 응원해 준다
가끔은 딸의 흉을 본다

-「관계 개선법」 부분

  위에 든 두 작품은 시인이 물려받은 어머니의 성품이 가족 공동체로 확장되어 가는 모습을 보여준다. 앞에 든 작품에서 화자는 첫대목에 '젊은 날 혼자라고 생각했던 적 있었다/ 그래도 걱정으로 잠 못 드는 밤은 아니었다'라는 명제를 제시하고 있다. 미혼 시절에는 그저 혼자이고 걱정 없이 자신의 밝은 미래만을 설계하며 살아왔음을 밝히는 대목이다. 이어지는 대목에 '뚜쟁이의 다리로 그 사람 만나 그냥 살아갔다/ 그 후 식구가 하나씩 늘더니/ 여남은 명이다'라고 밝힘으로써 개인에서 벗어나 가족 공동체의 일원이 되었음을 밝히고 있다. 이어지는 대목에서 기념일에 가족이 다 모여 찍은 '인증사진', '액자 속에 갇혀 있던 붙박이 표정들' 등의 이미지를 통해 마음이 하나인 공동체를 이루는 일은 쉽지 않다는 사유를 드러내고 있다. 나아가 '지금은 낯선 할배 할메 되어/ 꼭짓점에 서 있다/ 증조부께서 차려 주신/ 다단계 회사 번창하고 있'다고 밝히고 있다. 어기서 화자는 '꼭짓점'이라는 시어를 통하여 이제는 누군가에게 눈을 돌릴 여유가 없이 자신이 가족 공동체를 끈끈하고 따스하게 추슬러야 할 위치에 있음을 자각하고 있다고 말한다. 이어지는 대목에서 '다단계회사' 화사라는 시어를 제시함으로써 누대가 함께 사는 가족임을 환기하면서 작은 이익을 넘어 함께 거친 세상을 헤쳐 나가야 한다고 넌지시 말하고 있다.

   뒤에 든 작품에서는 때로는 느슨해지고 소원해지기 가족 공동체가 단단하고 따스하게 하나로 탈바꿈하기 위한 지혜를 담아놓고 있다. 화자는 첫 대목에 '며느리와 친해지기 위해/ 가정의 대소사를 의논해 본다/ 무슨 일이는 터놓고 얘기하며 의견을 존중한다'고 말하고 있다. 비록 가족 공동체의 꼭짓점에 서있다 할지라도 아랫사람과 지시나 명령보다 '터놓고 얘기하며 의견을 존중'하는 것이 우선이라고 밝히고 있는 셈이다. 이어지는 대목에서 '취미를 갖도록 의중을 타진하여 격려해 준다/ 역할 분담을 하는 게 좋다'고 말함으로써 피가 섞이지 않은 며느리를 맞아 따스한 한 가족으로 발전해가는 길은 멀리 있지 않다는 것을 넌지시 암시하고 있다.

나아가 화자는 '저녁 식사 후엔 부르지 않는다/ 가끔 친정의 안부를 묻는다', '딸의 입장보다 사위 입장을 먼저 생각해 준다/ 사위의 가정사에 깊이 관여하지 않는다/ 백년손님이 아니고 아들같이 격의 없이 대한다' 등의 알레고리를 통하여 가족은 지나친 간섭이나 지시보다 존중과 격려를 통해 서로를 북돋워 주는 게 우선이라고 밝히고 있다. 이것은 날로 단자화되어 가고 가족이 해체되어 간다는 우려가 곳곳에서 일고 있는 오늘 공동체 정신을 회복하는 요체라고 할 수 있다. 이를 통해 가족을 넘어 우리 사회가 하나 되어가는 길을 여는 미덕이라고 할 것이다.

불굴의 무구한 시 정신

가족 공동체를 단단하게 따스하게 만드는 힘은 여기서 그치지 않고, 시인 자신을 새롭게 태어나게 하는 힘과 이웃을 향한 분명하면서도 따스한 시선으로 발전해 간다. 이를 위해서는, 이영숙은 무엇보다 자신을 다스려 가는 힘을 축적해 가는 것이 필요하다고 말한다. 아마도 그가 매일 써나가는 일기를 바탕으로 수필을 창작하고 시를 써나가는 힘은 이 같은 미덕에서 출발하고 있다.

조용할 때 생각이 투명하고
정갈하면 참 나를 보게 되다

한가할 때 기상이 가라앉으면
마음의 미묘한 조리를 알게 되며

차분할 때 흥취가 깨끗하고
편안하면 마음의 묘미를 갖게 되다

마음이 고르고 도를 깨뜨리는 데는
이보다 나은 것이 없도다

늘 자기 자신의 마음을 헤아리고
그리하면 명경같은 내 맘속이 보인다

맘을 다스리고 육체를 단련하는 대는
요가만 하리까

명상으로 삿된 생각을 몰아내면
맘은 어느새 도인의 경지에 우뚝우뚝
-「나를 만나는 시간」 전문

  이번 시집의 표제작이기도 한 작품이다. 화자는 '나를 만나는 시간'을 가리켜 '조용할 때 생각이 투명하고/ 정갈하면 참 나를 보게 된다'고 말한다. 온갖 사회적 논쟁이 끊이지 않고 자극적인 유튜브 콘텐츠 따위의 횡행으로 시끄러운, 죽도록 즐기기에도 모자란 세상이지만 투명하게 자신을 들여다보고 정갈하게 참다운 사람살이의 길을 모색하는 것이 무엇보다 우선이라고 밝히고 있다. 나아가 이를 통해 '차분할 때 흥취가 깨끗하고/ 편안하면 마음의 묘미를 갖게 된다'고 말한다. 마음의 평정을 이룬 다음에야 비로소 자신을 덮쳐오는 세속사에 바른 자세로 대항할 힘을 기를 수 있다는 지적이다. 화자는 이 같은 경지를 일러 '늘 자기 자신의 마음을 헤아리고/ 그리하면 명경같은 내 맘속이 보인다'고 밝힌다. 나아가 '명상으로 삿된 생각을 몰아내면/ 맘은 어느새 도인의 경지에 우뚝우뚝'이라고 결구함으로써, 마음의 평정을 찾는 것은 '삿된 생각'을 뿌리치는 것이며, 이를 통해 세속사를 대할 때에도 그르침이 없이 우뚝 설 수 있다고 힘주어 말하고 있다. 갈수록 복잡다단해지고 정신의 가치가 몰각되는 시대에 먼저 자신을 돌아보고, 욕망으로 점철된 세속사에서 흔들림 없이 바른길을 걸을 수 있는 미덕을 제시하고 있는 시편이다.

    메타세콰이어는 남다른 기풍과 골격을 지닌 남정네

    메타세콰이어는 몸가짐이 의젓하고 고상한 남정네

    메타세콰이어는 학업이나 품행을 본받을 만한 남학생이다

메타세콰이어는 몸을 움직이거나 가누는 모양이 진지한 남정네

　메타세콰이어는 덕행이 높고 예절이 바른 남정네

　메타세콰이어는 주먹 함부로 내두르지 않는 남정네

　메타세콰이어는 태도나 방식이 한결같은 남정네

　메타세콰이어는 영원히 살아서 죽지 않을 남정네

　메타세콰이어는 가을엔 붉은 갈색 옷으로

바꿔 입어 멋지고 기품 있는 남정네다
　　　　　　　　　　　　-「살아 있는 전봇대」전문

떠날 때를 알고 떠나는 이는
아름답다
바닥을 보이면 잘못된
과거가 드러나기도 한다.

신이 인간에게 준 가장 큰
보물은 의식과 재주며
더 훌륭한 지원은 사람 능력

일을 감당해내는 힘이다

인간은 불안정하기에
유혹이 넘본다
유혹은 틈만 보이면
파고드는 대못이다

다짐이 부족해
늘 신께 매달린다

나의 기쁨을 가로막는 것은
잊음에서 오고
나의 슬픔은 영원히
잊히지 않는 기억 때문이다

미움은 전파하는 사람의
에너지를 훼손시키나
즐거움은 전파하는 이도
받는 이도 환해지는 법이다

어떤 일이든지 시작보다는
끝맺음이 매끄러워야
그 다음으로의 일이 순항한다

-「뒷모습」 전문

자신을 정갈하게 다듬은 시인이 바깥세상을 바라보는 시선을 잘 따라가도록 해주는 작품들을 골라 보았다. 앞에 든 작품은 곧은 키가 파란 하늘을 향해 뻗은 '메타세콰이어'를 제재로 한 작품이다. 메타세콰이어는 늠름한 외양을 지닌 남성을 상징하기도 하지만 다른 한편으로 큰 키로 주변 나무들을 압도하고 있는 점에서 남성 위주의 세상을 상징하기도 한다. 화자는 첫대목에 '메타세콰이어는 남다른 기풍과 골격을 지닌 남정네// 메타세콰이어는 몸가짐이 의젓하고 고상한 남정네'라는 은유를 배치함으로써, 세속의 남자들을 압도하는 골격을 지녔으면서도 의젓하고 고상한 남자를 좋아한다는 마음가짐을 드러낸다. 멋진 외모를 지닌 남자, '몸을 움직이거나 가누는 모양이 진지한' 외관을 지닌 남자에게 끌리는 마음의 풍경을 그려내고 있다. 이것은 여성만이 지니는 사디즘으로서 그같이 외양이 그럴듯한 남자가 지배하는 세속에서 별다른 비판 의식 없이 살아왔다는 고백과도 통한다.

　하지만 이어지는 대목에서 화자는 '덕행이 높고 예절이 바'르고, '주먹을 함부로 내두르지 않는 남'자로서의 메타세콰이어의 품성을 따른다고 말한다. 즉 겉보기에 깍듯한 예의로 약자인 여성을 은근히 지배하거나 '주먹'으로 상징되는 폭력으로 세상을 제압하려 해서는 안 된다고 힘주어 말하고 있는 셈이다. 완력으로 세상을 지배하려는 헛된 욕심을 버리고 '태도나 방식이 한결같은' 사람들이 넘치는 세상이 될 때, 우리 공동체는 '영원히 살아서 죽지 않'고 생명의 활기로 넘칠 것이라고 말하고 있다.

　이 시에서 메티세콰이어는 남성, 남성 중심으로 돌아가는 구조를 환유한다. 시 속의 화자는 여성으로 상정되어 있어 시인이 품고 있는 일단 이상적인 남성관의 고백으로 비친다. 하지만 오늘날 여성은 성소수자, 다문화 출신자, 비정규직 노동자들과 함께 고리를 이루고 있는 사회적 약자의 일원으로 간주된다. 이들 모두 우리 사회를 위해 열심히 일하고 있다는 점에서도 공통점이 있다. 질 들뢰즈는 생산에 참여하는 사물과 동물, 면면하게 생산을 이어가는 노동자 등 생산에 참여하는 것들을 아울러 '욕망하는 기계'라는 개념으로 묶어, 이것들이 서로 연대하여 세상을 바꿔 나간다고 설파한다. 그러나 이들은 모두 노동의 도구로 사용될 뿐 자신들만의 영역을 확보하는 데는 실패한다. 즉 이들이 '기관 없는 신체'로 전락해 버린 현실을 지적하면서 노동을 제공하는 데 그치지 않고 상부 구조에 참여하여 세상을 바꾸고 밝은 미래로 가는 길을 모색해야 한다고 말한다. 이렇게 볼 때 이 시를 통해 화자는 메타세콰이어로 상징되는 남성을 흠모하는 시선 아닌, 밝은 미래로 가는 미덕을 제시하고 있다고 보는 것이 더 옳은 읽기일 것이다.

　뒤에 든 작품을 보면 간결한 문장으로 이 같은 시인의 사유가 더욱 간절하게 담지되어 있다. 먼저 화자는 '떠날 때를 알고 떠나는 이는／아름답다'는 명제를 제시함으로써, 인간으로서의 유한성을 알고 그 덕목을 지키는 것이 우선이라고 천명한다. 이어서 '바닥', '잘못', '(드러나는) 과거' 등의 시어를 배치함으로써 그 같은 덕목을 실천하지 않을 때 유한한 인간이 어떻게 파괴되어 가는가를 또렷하게 밝히고 있다. 또한 '인간은 불안정하기에/ 유혹이 넘본다/ 유혹은 틈만 보이면/ 파고드는 대못이다'라는 구절을 통해, 역량의 한계를 넘어 잘 해낼 수 있으리라는 유혹에 빠지는 것을 경계해야 한다고 말한다. 이것은 개인의 문제를 넘어 우리 사회가 겪고 있는 고질적인 권력 독점 및 공동체의 이익을 돌보지 않는 사유화 문제와도 긴밀하게 연결되는 사회적 과제이다.

  화자는 이 같은 고질적인 문제를 풀어 나가는 데 있어서는 '나의 기쁨을 가로막는 것은/ 잊음에서 오고/나의 슬픔은 영원히/ 잊히지 않는 기억 때문이'라는 점을 절실하게 환기한다. 우리는 살아가는 동안 갖가지 실수를 저지르기 마련이지만, 그 과오를 반성하고 바로잡아 앞으로 나아가는 것이 요체이다. 문제는 범인들은 시간의 빠른 흐름과 함께 자신이 저지른 잘못을 쉽게 망각한다는 것이다. 화자는 그 같은 망각이 우리가 가진 근원적인 슬픔이라는 것을 환기하고 있다. 나아가 화자는 '미움은 전파하는 사람의/ 에너지를 훼손시키나/ 즐거움은 전파하는 이도/ 받는 이도 환해지는 법'이라는 구절을 통하여, 자신에게는 가혹하게 인색하면서 남을 대할 때에는 미움을 버리고 관용과 포용의 정신으로 임해야 한다고 말한다. 그것이 우리가 함께 몸담고 살아가는 인간 단지를 따뜻한 둥지를 넘어 미래를 열어가는 진전 기지로 만들어가는 일이다. 이로써 화자는 가족 공동체에서 시작한 화해와 관용의 정신이 이웃과 사회로까지 발전되어

가는 것을 시를 통해 잘 보여주고 있다.

시인의 소명과 갈 길을 천명하다

하늘이 문을 닫아 해가 없는 밤에도
내 안의 생각은 늘 열려 있어야 했다
땅거미가 내려와 걸어 다니는 밤이면
내 안의 상상력을 더 키워 발아시켜야 하리
세상이 잠들 때 신이 움직이니까
더러 생각이 막히면 책상에서 일어나
뛰쳐나가 자연의 품에 안겨도 본다
나무도 꽃도 풀도 읽어 본다
눈으론 사물을 관찰하고
머리로는 원고지를 메꾼다
그래도 글가마리가 없다면
사람이 북적이는 마트로 나가
흥정을 해본다 물건 값이라도 알아보고
빈 주머니라도 만져 본다
눈으로 사람들을 점철하고
가슴으로 펜을 잡아도 본다
손끝에 자라나는 돈의 환상을 잊기
위해서라도 글과 싸워야 한다
육체가 약해지면 영혼이라도 팔아야 한다
문인은 오로지 써야만 하는 사람
글을 써서 세상을 윤택하게

해야 할 사람 문인의 문패 걸고
쓰는 일을 게을리한다면
서재에다 무덤이라는
각목을 질러야 하리라

-「문인의 길」 전문

  이번 시집의 백미라고 볼 수 있는 글 쓰는 자로서의 자세를 밝힌 작품이다. 화자는 첫대목에 '하늘이 문을 닫아 해가 없는 밤에도/ 내 안의 생각은 늘 열려 있어야 했다/ 땅거미가 내려와 걸어 다니는 밤이면/ 내 안의 상상력을 더 키워 발아시켜야 하리'라는 덕목을 제시하고 있다. 시를 쓰고 수필을 창작한다는 것은, 단순히 볼펜으로 종이에 글자를 옮기는 행위가 아니라, 세속의 인간들이 잠든 밤에도 늘 깨어 있고, 열린 생각으로 오늘에 만족하지 않고 밝은 내일을 열어가기 위한 사유의 숲을 풍부하게 하는 것이라고 언명한다. 나아가 화자는 '더러 생각이 막히면 책상에서 일어나/ 뛰쳐나가 자연의 품에 안겨' 보아야 한다고 말한다. 시인은 책상물림을 하면서 원고지를 메꾸는 사람이 아니라, 자연 속에서 만난 '나무도 꽃도 풀'의 속내를 읽어내는 눈을 가진 사람이라는 것이다. 시인은 단순히 날개를 딘 *상상력*이 아니라 사물 언어를 통해 자신의 마음을 읽어내고 세계가 나아가야 할 길을 예감하는 사람이라는 뜻과 통하는 지적이다.

  화자는 모름지기 시인이라면 무엇보다 돈의 유혹에서 벗어나 자유로운 영혼을 지녀야 한다고 말한다. 즉 '손끝에 자라나는 돈의 환상을 잊기/ 위해서라도 글과 싸워야 한다/ 육체가 약해지면 영혼이라도 팔아야 한다'고 밝힘으로써 '돈', '육체' 등 현세적인 것에서 벗어나 맑은 영혼으로 세상을 보는 선지자이어야 한다고 말하고 있다. 날로 물질이 팽배해지고, 얼마나 값나가는 물질을 깔고 앉았느냐의 여부로 자칫 사람이 가치가 판단되기 쉬운 오늘 우리 새겨 들어야 할 조언이 아닌가 한다.

　이제까지 이영숙의 시집 『나를 만나는 시간』에 실린 시들을 중심으로 그의 시세계를 살펴보았다. 이번 이영숙의 시집을 전체적으로 관류하고 있는 것은 시적 진술에 급급하기보다 그가 만난 사물의 내면 탐구를 통해 자신을 말하고 있다는 점이다. 때로는 먼 길을 돌아온 느낌이 들고 느리기도 하지만, 겨울밤 내린 는개가 만든 '상고대'의 황홀한 모습, 긴 세월 바닷가에 몰아치는 파도를 견디며 살아온 조약돌의 말, 제 살을 파먹으며 새싹을 틔우는 호박씨의 자태 등을 통해 어려움을 묵묵히 견디며 밝은 세상으로 가는 사유를 견인하고 있다.
　또한 자신을 위해서는 지극히 인색하면서도 식구들을 위해서는 어려운 일 마다하지 않던 시인의 어머니 모습을, 비단실 다 풀어내고 작은 번데기밖에 남지 않았지만 넉넉한 누에의 생애와 병치하는 등 사물 언어를 통해 이타행의 모습을 잘 구현하고 있다. 이같이 곁에 있는 사람을 먼저 위하는 이타행이 가족과, 이웃을 넘어 한 사회를 이루는 공동체의 정신임을 시적으로 잘 형상화해 놓고 있다.

아울러 자신에게는 가혹하게 인색하면서 남을 대할 때에는 미움을 버리고 관용과 포용의 정신으로 임할 때 우리 사회는 한 걸음 앞으로 나아갈 수 있으며, 그것이 우리가 함께 몸담고 살아가는 인간 단지를 밝은 미래를 열어가는 진전 기지로 만들어가는 일이라고 말해주고 있다. 이로써 이영숙은 가족 공동체에서 시작한 화해와 관용의 정신이 이웃과 사회로까지 발전되어 가는 것을 시를 통해 잘 보여주고 있다.

그 같은 덕목을 실천하는 자로서, 시인은 남들이 잠든 한밤중에도 깨어 있으며, 무엇보다 돈의 유혹에서 벗어나 자유로운 영혼을 지녀야 한다고 말한다. 즉 '손끝에 자라나는 돈의 환상을 잊기/ 위해서라도 글과 싸워야 한다/ 육체가 약해지면 영혼이라도 팔아야 한다'고 밝힘으로써 '돈', '육체' 등 현세적인 것에서 벗어나 맑은 영혼으로 세상을 보는 선지자이어야 한다고 말하고 있다. 이 같은 시적 메시지가 거친 육성보다 사물 언어를 통해 때로는 느리고 완곡하게 독자에게 다가오지만, 어머님이 담근 장맛처럼 오랫동안 느긋하고 따뜻하게 남는 것을 우리는 이영숙의 이번 시집을 통해 만나게 된다.

나를 만나는 시간

찍은날 2025년 6월 20일
펴낸날 2025년 6월 26일
지은이 이영숙
펴낸이 박몽구
펴낸곳 도서출판 시와문화
주 소 13955 경기 안양시 동안구 경수대로883번길 33,
　　　 103동 204호(비산동, 꿈에그린아파트)
전 화 (031)452-4992
E-mail poetpak@naver.com
등록번호 제2007-000005호(2007년 2월 13일)
ISBN 979-11-93954-06-5(03810)

정 가 12,000원

*이 책은 한국예술인복지재단의 지원을 받아 제작되었습니다.